L'Avenir de Graville.

HAVRE. — IMP. DE S. FAURE.

L'AVENIR

DE

GRAVILLE

Par l'Auteur

DU HAVRE EN 1860.

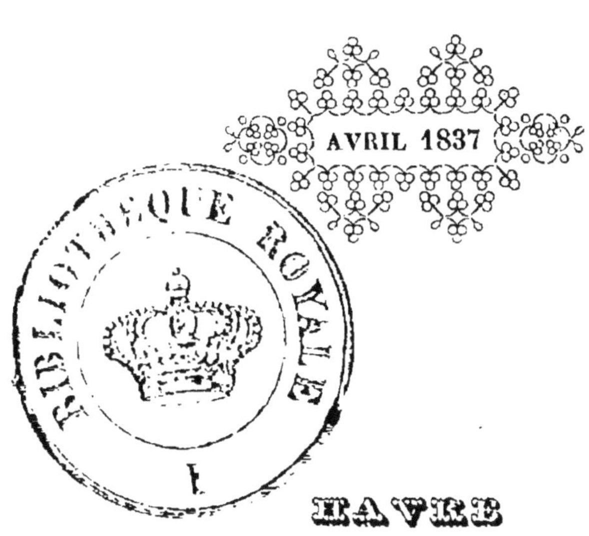

AVRIL 1837

HAVRE

CHEZ JEHENNE, LIBRAIRE,

RUE DE PARIS, 63;

Chez Haumont, Libraire, rue de Paris, 21,

ET CHEZ L'AUTEUR, RUE DE L'HÔPITAL, 57.

La vérité, de quelque nature qu'elle soit, sait toujours
bien arriver, et c'est puérilité de croire qu'on arrête sa
marche en lui tournant le dos.

M. Mathieu DE DOMBARLE.

Avenir Industriel de la France.

QUELQUES MOTS AUX HAVRAIS.

Havrais, mes bons amis, écoutez encore une fois les paroles d'un vieux radoteur dont la voix ne vous est pas étrangère.

Vous avez accueilli naguère avec bienveillance mes folles prédictions sur l'avenir promis à votre belle cité. Le tableau que je vous ai présenté du Havre, libre enfin de ses entraves et riche de tous les embellissemens qu'il doit obtenir du temps et du concours de toutes les volontés, ce tableau, si palpitant d'espérance, a éveillé vos sympathies. Le bon sens naturel à beaucoup d'entre vous leur a fait découvrir sous le voile d'un apologue, en apparence fantastique, une série d'améliorations très réalisables.

Si mon âge et ma position ne me permettent plus de concourir au mouvement progressif qui déjà commence à nous entraîner, si je suis réduit au rôle de simple spectateur, j'aurai du moins la consolation d'avoir indiqué le but et placé quelques jalons sur la route qui doit y conduire.

Ayez un peu de patience, et, vainqueur des obstacles qui retardent encore sa marche, le char du progrès, dont quelques traînards espèrent en vain arrêter l'élan, poursuivra sa course brillante; un peu de patience, et votre ville, si riche d'avenir et aujourd'hui si en arrière de Liverpool, par diverses causes que tout le monde connaît, n'aura plus rien à envier à cette cité superbe.

En attendant que vous obteniez, de ma-
lignes influences auxquelles vous êtes encore soumis, ces réformes si désirables et au
premier rang desquelles tout homme sensé
met le déplacement de ces inutiles remparts
qui vous étouffent sous une triple zône d'in-
fection et d'ordure (*a*), jetez les yeux autour
de vous, portez vos regards sur les maré-
cages de Graville et sur les créations qu'y
dessine à grands traits l'esprit aventureux
de quelques hommes à hautes prévisions :
quels enseignemens elles vous présentent
ces créations que vous qualifiez aujourd'hui
d'extravagances !

J'ai demandé un quart de siècle pour
l'accomplissement de mes prédictions sur le
Havre. Je ne vous l'ai représenté qu'en 1860.
Ce délai m'a paru nécessaire, d'abord pour
parvenir à paralyser entièrement l'action
funeste de ces hommes malheureusement
influens qui semblent avoir à tâche de s'opposer à toute action progressive, ensuite

pour préparer et compléter l'ensemble d'améliorations qui ne peuvent s'obtenir, je le répète, que d'un accord de volontés et d'une entière harmonie de vues qu'il faut amener de longue main.

Lorsque je publiai, il y a quelques mois, sous le titre : *Le Havre en* 1860. une brochure où j'indiquais, sous une forme un peu bizarre, les embellissemens que cette ville espère encore, quelques personnes, tout en paraissant approuver mes idées, critiquèrent le cadre peu sérieux où j'avais cru devoir renfermer des vérités utiles ; toutefois l'ouvrage appela l'indulgence, et le public, en regrettant que mes prévisions ne fussent encore que des rêves, s'attacha plus au fond qu'à la forme. D'honorables suffrages encouragèrent mes faibles efforts et m'enhardirent à en tenter de nouveaux.

Aujourd'hui ma tâche est plus facile, ce n'est plus d'un avenir éloigné que j'ai à vous entretenir, ce ne sont plus des rêves que j'ai à vous présenter sur des éventualités que peu de nous, peut-être, verrons se réaliser: c'est presque du présent que je vais vous parler. Les créations que je vous signale surgissent à quelques pas de vous, presque sous vos yeux. La mine que je tente d'exploiter est riche et féconde: si je ne réussis pas à en saisir tous les filons, il n'en faut accuser que l'insuffisance de mes moyens personnels. De plus habiles feront mieux que moi; leurs paroles seront plus éloquentes, plus persuasives que les miennes.

Prêtez-moi quelques instans d'attention, et, si toutes mes prévisions ne sont pas justifiées par l'événement, si mes conseils ne vous semblent pas tous admissibles, peut-être mes idées feront-elles naître des idées meilleures chez les créateurs de la cité nouvelle. Je serais trop payé de mes faibles efforts, si je pouvais être utile à mes concitoyens.

Indulgence, surtout, lecteur, indulgence.

Cet opuscule, vous le verrez de reste en parcourant ces feuilles, n'est pas l'œuvre d'un savant ou d'un érudit : c'est tout bonnement le simple travail d'un écrivain obscur, d'un bon citoyen, qui croit servir la patrie en apportant à la masse commune le léger tribut de ses réflexions.

Cela dit, entrons en matière.

L'Avenir de Graville.

LE PRIEURÉ.

Bien avant que l'on songeât à fonder
à l'embouchure de la Seine, dans un
lieu encore soumis aux envahissemens
de l'Océan et habité seulement par
quelques misérables pêcheurs, vivant,
au milieu des criques, de leur ché-
tive industrie, une ville que sa position topographique et sa proximité

de la capitale devaient rendre, en moins de deux siècles, l'une des plus importantes villes maritimes de France, il existait sur les hauteurs qui s'étendent d'Harfleur à la mer un vieux prieuré célèbre, placé sous l'invocations de Sainte-Honorine, et dans la juridiction des seigneurs de Graville. A une époque plus reculée, ce lieu avait été une station romaine qui dominait l'embouchure de la Seine. L'ancien château de Crétin, dont on montrait les ruines entre Harfleur et Graville dans le dernier siècle, paraît avoir été bâti sur l'ancienne *Carocotinum* [2], une des plus importantes villes du pays des Calètes, plus tard la *Neustrie*.

A la suite du moyen âge, et dans un tems où l'église de Rome courbait sous le sceptre pontifical les peuples et les

rois, quelques priviléges furent atta-
chés à ce fief ecclésiastique [3]. Mais à
mesure que les lumières se sont ré-
pandues, à mesure surtout que les
relations commerciales de la nouvelle
ville fondée par Louis XII et Fran-
çois Ier ont pris plus de développement, on a vu l'importance suzeraine
du prieur de Graville décroître gra-
duellement, pour s'anéantir et disparaître à jamais, à la fin du dernier
siècle, dans l'abîme révolutionnaire.

Aujourd'hui quelques personnes à
peine connaissent, par tradiction, l'exis-
tence des hauts et puissans seigneurs
de Graville. Plusieurs d'entr'eux ont
figuré, souvent avec gloire, dans les
longues guerres dont la Normandie
a été le théâtre sous la domination
anglaise, et même depuis sa réunion
définitive à la France.

L'église de Graville, si remarquable par sa position, conserve encore quelques traces de son antique splendeur. Aux miracles de la sainte patronne de l'abbaye, ont succédé des miracles bien autrement intéressans et surtout bien plus incontestables, car ils frappent tous les yeux; miracles opérés sous la bienheureuse influence du génie de l'industrie et de la civilisation.

GRAVILLE

MODERNE

Au pied du côteau, où se voient encore les ruines du prieuré, est une vaste plaine, couverte il y a peu de siècles, comme nous venons de le dire, par les eaux de la mer, et qui, aujourd'hui, soustraite aux inondations, s'étend jusqu'aux rives de la Seine, bornée à l'ouest par Ingouville et le

Havre; à l'est par le territoire et la baie d'Harfleur, à l'embouchure de la Lézarde. Cette plaine est traversée dans toute sa longueur par un canal qui va du Havre à la baie d'Harfleur.

Il y a deux ans encore rien n'indiquait que cet endroit, à peine habité et qui n'offrait guère que des marais insalubres, en partie soumis aux servitudes militaires par sa position dans l'enclave des zônes, pût devenir en peu de tems le foyer d'une population industrielle de quelqu'importance. Mais, en France, rien de ce qui est possible ne tarde à s'entreprendre. L'activité nationale semble créer, sur le sol le plus ingrat en apparence, des élémens de vie et de fécondité.

Une compagnie s'est formée en 1836, sous la direction d'hommes habiles et entreprenans, qui ont compris que

les spéculations les plus productives
et les plus sûres, étaient celles qui
avaient pour base et pour objet l'utilité publique, et surtout le développement bien entendu des industries
nationales.

De vastes terrains ont été acquis à
des conditions avantageuses, le plan de
la nouvelle ville a été tracé, et déjà,
tant est puissant dans notre beau pays
l'instinct que fait saisir d'un coup-d'œil
tous les côtés avantageux d'une entreprise! déjà, en un an à peine, le prix
des terrains acquis par la compagnie,
a presque quadruplé de valeur.

Antérieurement à ces acquisitions,
grâce à la constante opposition du
conseil municipal d'Ingouville, qui s'est
refusé jusqu'à ce jour à la demande
générale de l'élargissement du Bourg [4],
la *Route-Neuve* avait ouvert une com-

munication plus prompte et plus facile entre la grande route de Paris et
le Havre, une partie de la population
d'Ingouville commençait à se porter
de ce côté: depuis lors, l'établissement
du nouvel octroi d'Ingouville [5] avait
mis en fuite bon nombre de mar-
chands, qui transportaient leurs diverses industries sur le territoire de
Graville, pour les soustraire aux exi-
gences imprévues du fisc communal.

Ainsi la nouvelle ville commençait
à réunir ces premiers habitants. Il ne
manquait pour les rassembler en plus
grand nombre qu'une attraction puissante. La spéculation a entendu sur
ce point son aimant protecteur : elle
a exploité avec adresse des circonstan-
ces favorables, et aujourd'hui, à peine
commencée, des succès rapides et ines-
pérés semblent lui promettre, dans

un avenir peu reculé, de nouveaux succès, dont il est impossible d'assigner les dernières limites.

L'impulsion première est donnée.... Encore quelques années et au milieu de tous les principes de fécondité qui entourent le germe naissant, son développement rapide, déjà certain pour les hommes éclairés, étonnera le vulgaire peu accoutumé à tirer, de ce qui passe sous ses yeux, des prévisions pour l'avenir.

Personne n'ignore combien la bonne direction imprimée par l'autorité municipale, exerce d'influence sur les destinées d'une commune ; cette vérité est peut-être une de celles dont chaque citoyen est le plus intimement pénétré, et pourtant combien n'avons-nous pas à gémir de la déplorable insousciance que la plupart des citoyens apportent journellement dans l'exercice de leurs droits les plus précieux ! Faut-il élire un député, un maire, un conseiller municipal ? à peine la moitié, le tiers même des électeurs se présente. Chacun a ses affaires particulières, ses occupations qu'il ne peut quitter même pour quelques heures..... Bref, l'élection se termine sans que personne ne s'en soit inquiété..... et puis..... on se plaint.... on murmure..... à qui la faute?

Les habitans de Graville l'ont bien comprise cette vérité, quand ils ont confié l'administration de leur commune, à un de ces hommes consciencieux et progressifs qui savent apprécier toute l'importance du mandat qu'ils ont reçu et ne négligent rien de ce qui peut être à l'avantage de leurs administrés.

Sous une administration vraiment citoyenne, Graville ne peut tarder à prendre un rang distingué parmi les villes industrielles. Comme Manchester, Graville est peut-être appelé à rivaliser d'importance avec le Liverpool français, jusqu'au moment où le Havre, libre enfin de sa prison fangeuse, s'étendra jusqu'à lui et l'absorbera dans sa vaste circonférence. Le Havre, Ingouville et Graville ne formeront plus alors qu'une immense cité, entrepôt général du commerce du Monde et, en même tems, centre d'une admirable fermentation industrielle.

La compagnie des terrains et l'administration municipale se sont réunies dans un parfait accord de vues ; des concessions réciproques ont eu lieu, et de ces concessions est sorti le plan arrêté de la nouvelle ville, dessiné dans

de belles proportions en parfaite harmonie avec le caractère tout industriel
qu'on veut y faire prédominer.

Toute la partie comprise entre la
hauteur et le canal est affectée à diverses usines, dont plusieurs sont en
pleine activité. Là, s'élèvera l'église de
Sainte-Marie, entourée d'une jolie place
donnant sur la rue principale que
sillonneront des rues transversales ré-
gulièrement percées et ornées de maisons élégantes où rien ne sera né-
gligé de ce qui peut en rendre l'ha-
bitation agréable et commode [6].

Le territoire de l'Heure paraît être
spécialement réservé aux marchandi-
ses encombrantes, bois, charbons, etc.,
qui obstruent aujourd'hui quelques-
uns des quais de l'intérieur du Havre.

Il est à croire que, dans la suite,
on y transportera, sous le vent de la

ville, les calfatages et carénages de navires, et la préparation des goudrons. Mais je crains de ne voir s'opérer ce changement que lorsqu'un incendie plus terrible dans ses effets que celui qui a dévoré, il y a deux ans, les ateliers de cette préparation, aura montré à tout le monde combien il est peu sage de maintenir au milieu de plusieurs bassins remplis de navires, un danger toujours imminent. L'administration qui a laissé si imprudemment reconstruire les nouveaux fourneaux, dans un endroit si peu convenable, songera probablement à remédier au mal, quand le mal se sera montré une bonne fois dans toute son horreur.

Les chantiers de construction, les cales pour la mise à flot des navires, trouveront naturellement leur place dans les plaines de l'Heure, au voisinage des docks que l'on verra peut-être enfin un jour s'établir au Havre, quand une compagnie puissante aura compris et trouvé le moyen de faire comprendre aux arbitres de nos destinées, toutes l'utilité de cette importation anglaise [7].

Il faudra bien que l'on en vienne à reconnaître la nécessité de transporter sur les bords de la Seine, et ces abatoirs du Havre, si singulièrement placés sous les murs d'un collége, et si mesquinement impropres à leur destination, et les dépôts d'immondices, et les chantiers d'équarrissage, et les fabriques de noir animal, tous établissemens d'un voisinage insalubre qui, aujourd'hui placés au vent d'ouest de la ville du Havre, inondent incessamment la basse-ville de leurs miasmes délétères. Les réclamations les plus vives, les plus unanimes, ont été jusqu'ici sans écho auprès des autorités. La raison en est toute naturelle. Ces chantiers d'équarrissage, ces dépôts, ces fabriques complètent si dignement l'atmosphère pestilentiel dont notre Havre est entouré, qu'il serait vraiment dommage de détruire un aussi gracieux ensemble !

Au premier rang des établissemens en pleine activité que possède aujourd'hui Graville, il en est un pour lequel la population du Havre ne saurait avoir trop de reconnaissance et que son utilité si journalière, si bien sentie de tous, place tout-à-fait hors ligne. J'ai nommé l'établissement hydraulique de la compagnie Varnier, près le Pont-Rouge. Honneur aux industriels qui en ont conçu la première idée et en ont poursuivi avec tant de zèle, malgré de nombreux obstacles, la parfaite exécution. Puissent-ils recueillir tous les avantages que leur promet cette utile entreprise ! La ville du Havre leur devra le complet assainissement de tous ses quartiers, où bientôt de nombreuses fontaines répandront en abondance une eau saine et limpide. La marine leur doit déjà une ressource assurée dans un mode d'approvisionnement prompt et économique.

Arrêtons-nous quelques instans chez M. Varnier, pour y admirer cette jolie scierie où les rouages de la machine motrice ont été simplifiés d'une manière si ingénieuse par des procédés nouveaux, inventés par MM. Mazeline, que tant de titres recommandent à l'estime publique.

L'établissement hydraulique nous offre encore une blanchisserie à vapeur qui est appellée à rendre de grands services. Formée d'après les plans donnés par M. l'ingénieur Robert, de Cherbourg [8], qui a déjà fourni ses preuves dans la maison de charité de la ville qu'il habite; cette blanchisserie doit donner des produits satisfaisans, si l'on parvient à triompher des résistances de la routine, qui recule encore devant un procédé économique depuis long-tems adopté dans plusieurs pays, et notamment chez nos voisins, toujours plus prompts que nous à accueillir avec faveur ce qui est reconnu bon et utile.

Au reste le nom de M. l'ingénieur Robert brillera bientôt ici d'un nouvel éclat, si l'on réalise le projet de fonder à Graville un laminoir pour la préparation des cuivres propres au doublage des navires; on y verra sans doute utiliser les curieux procédés, dont la découverte lui appartient, pour donner au cuivre bronze cette solidité qui le met à l'abri de toute oxidation. L'expérience a déjà prouvé combien les qualités de ce bronze étaient supérieures et combien l'usage en était économique.

Graville possède d'autres scieries de bois du Nord; l'une d'elles, dirigée par MM. Pinguet, est mue par la vapeur, et mérite d'être visitée. On y remarque aussi la belle fonderie de M. Nillus, dont les produits sont recherchés par l'élégance et le fini du travail, et les forges de M. David, d'où sortent ces câbles-chaînes si généralement adoptés par la marine, et si précieux pour la navigation.

Les frères Mazeline transportent sur
le bord du canal Vauban, leurs ateliers si riches en beaux produits qui
rivalisent aujourd'hui sans aucun désa-
vantage avec les importations de l'é-
tranger. Placé au milieu d'une ville
indutrielle, l'établissement de ces habiles mécaniciens y recevra tout le développement dont il est susceptible.

D'utiles encouragemens sont réservés
désormais à toutes ces entreprises,
quand la banque du Havre versera
sur cette place de nouveaux capitaux,
et surtout quand la Société du Commerce et de l'Industrie que l'on fonde
en ce moment sur le modèle de ce
qui existe déjà en Belgique, et dont
la plan, exécuté, comme on n'en peut
douter, en lisant le nom des directeurs,
sur de larges bases, donnera à cette
compagnie les moyens de fournir à

toutes les industries, au prorata de leur importance et surtout de leur utilité, les secours qui leurs sont nécessaires.

La compagnie Lefèvre a publié, il y a peu de mois, le prospectus d'une filature de coton, sous la direction d'un homme de spécialité reconnue. En peu de semaines, le montant des actions a été couvert par des souscripteurs avides de concourir à la formation d'une usine que l'économie du transport et de la main-d'œuvre permet de porter au degré de prospérité des filatures de Bolbec et de Rouen. Espérons que, bien dirigée, elle rivalisera avec nos éternels rivaux, pour la beauté et la perfection du travail. Un autre avantage, qui n'est pas sans importance pour le phylosophe, s'y fera remarquer dans l'action moralisante qu'elle devra exercer sur une partie de la population Havraise, en procurant une occupation suffisamment lucrative aux femmes et aux enfans des classes pauvres, trop souvent livrés à de coupables industries.

Quelques spéculateurs avaient pensé qu'il serait possible de placer des verreries sur le territoire de l'Heure. Pour que ces usines eussent des chances de prospérité, il faudrait obtenir de grandes réductions sur les frais de transport du combustible. Elles auraient toujours une concurrence redoutable dans les verreries projetées à Quillebeuf, où la tourbe est à si bon compte Qui sait si on ne trouverait pas moyen d'employer, comme matière première, les *vases* de notre littoral ? l'exemple des verreries des environs de Valenciennes, où l'on utilise les vases des côtes de Dunkerque [9], mérite d'être signalé à nos industriels.

Je suis forcé de passer sous silence divers établissemens qui se forment ou vont se former à Graville, et qui ne sont pas sans quelqu'intérêt : une brasserie, une filature pour les lins et les chanvres, de grands ateliers de tonnellerie, etc. Mais je ne puis m'empêcher, en terminant cette nomenclature, de regretter qu'il ne vienne pas à la pensée de quelque novateur entreprenant l'idée de completter l'ensemble de tous les beaux établissemens dont Graville va s'enrichir, par la création d'une fabrique de tissus à voiles, à l'instar de celles qui existent dans plusieurs pays, et notamment en Basse-Normandie, où le lin de la Nouvelle - Zélande [10] remplace avec tant d'avantage, pour l'économie et la du-

rée, les matières jusqu'alors employées.
Il aura bien mérité de son pays l'homme
habile qui réalisera, dans l'arrondis-
sement du Havre, une aussi heureuse
importation ! la marine havraise devra à ce bienfaiteur de la navigation
l'affranchissement du tribut honteux
que la France paie encore à l'étranger, grâce à l'insuffisance de ses chanvres. C'est à nos agriculteurs que je
recommande la culture facile et peu
coûteuse du Phormium. Dans un tems
où le sol tire si peu d'avantage de
ses produits, il n'est peut-être pas sans
utilité d'indiquer de nouvelles voies de
production, et celle que je signale a
bien son importance!....

Quelques personnes trouveront peut-
être singulier le soin que je prends de
détailler et d'activer de ma faible voix,
les nouvelles sources de fabrication qui

vont se répandre sur la ville naissante, et cela, dans un moment où l'on entend dire de tous côtés que la consommation n'est plus en rapport avec la production ; dans un moment de crise commerciale où les fortunes, en apparence les plus solides, semblent ébranlées dans leurs derniers fondemens ; dans un moment où tout gémit, l'agriculture, l'industrie, le commerce..... Mais cette position de notre France, toute critique, toute fâcheuse qu'elle se montre, n'est pas aussi irrémédiable qu'elle semble l'être. Bien des causes ont concouru et concourent encore à la produire ; bien des causes sur lesquelles je ne veux pas insister, et qui ont déjà été signalées par des hommes à portée de bien voir, qui ont sondé toute la profondeur du mal et indiqué le remède. Que l'on multiplie, que l'on facilite en France les communications ; que l'on fasse disparaître cette déplorable incertitude qui existe dans notre législation commerciale, incertitude qui paralyse toutes les transactions, et empêche les négociants de se livrer avec confiance aux opérations qu'ils ont conçues ; que l'on améliore le sort des classes pauvres et industrielles; qu'au lieu de ce gaspillage gouvernemental dont tous les bons citoyens gémissent, on fasse un utile emploi des deniers publics ; que l'on diminue les charges de l'impôt si mal réparties et auxquelles les malheureux ne peüvent plus suffire ; qu'en un mot, sur les trente-deux millions d'habitans que la France possède, chaque individu ait sa petite portion du bien-être social auquel il concourt : et l'on verra si dans peu d'années la production, tellement active qu'on la suppose, ne sera pas encore insuffisante à la consommation.

Je termine ici l'esquisse rapide de tous les beaux projets dont l'exécution se prépare sous nos yeux. Des compagnies particulières en ont pris seules l'heureuse initiative ; le gouvernement y reste encore étranger, et plaise au ciel que son influence centralisante n'intervienne pas bientôt pour en arrêter ou en contrarier le parfait développement !

Un moyen puissant d'action sur l'avenir de notre Havre semble être réservé à l'autorité, dans les travaux qui doivent rapprocher cette ville de la capitale. — Je veux parler de la question si éminemment nationale des chemins de fer depuis si long-tems en projet. Le gouvernement semble vouloir en accaparer le monopole ; mieux eût valu laisser ce soin aux compagnies particulières, qui eussent infailliblement fait mieux et surtout plus vite. Déjà plusieurs centaines de mille francs ont été employées pour fixer le simple tracé du parcours. Tout est encore en suspens, et Dieu sait quand nous verrons commencer les travaux définitifs!

Si au lieu de vouloir embrasser d'un seul coup tout l'espace à parcourir et entreprendre les travaux sur une trop grande échelle, on eût laissé agir les particuliers, sous la simple surveillance de l'autorité, sous la seule direction des besoins des diverses localités, le chemin de fer se serait développé de proche en proche entre Paris et Rouen, entre Rouen et le Havre, et aujourd'hui les travaux seraient, sinon en totalité, du moins en partie terminés, et plusieurs villes intermédiaires recueilleraient déjà

les influences bienfaisantes d'une communication rapide et facile.

Français, Français, jusques à quand
faudra-t-il donc chercher à vous éclairer
sur vos véritables intérêts ?

Ce n'est pas ainsi que les choses se
passent chez nos voisins qu'il faut toujours citer, quoiqu'on en ait, quand il
s'agit de grandes et vastes conceptions.
Faut-il établir un dock, un canal, un
tunnel, un chemin de fer ?..... Tout s'y
fait par des compagnies particulières.
L'autorité n'intervient que pour accor-
der le privilége et surveiller l'exécution.

Quelle différence dans notre pays, où
l'action du gouvernement s'introduit
partout comme seule agissante. Pendant
le tems qu'on perd à multipier des plans
et souvent à combiner, à l'aide de hon-
teuses intrigues, les profits d'un monopole....... on exécute ailleurs.

C'est ainsi qu'en France, où le génie de l'invention est aussi puissant , aussi actif que de l'autre côté du détroit, on propose beaucoup sans que rien se réalise. Les découvertes les plus belles, les plus grandes, les plus utiles se font en France; elles s'exécutent en Angleterre et ne nous reviennent qu'après de longues années , comme un cadeau de l'étranger.

A preuve, dites-moi :

Quel est le génie créateur qui a découvert le premier les propriétés de la vapeur? Un Français [1]. Où se sont faites les premières applications ? En Angleterre, en Amérique!

Qui a conçu la première idée de suppléer par un chemin souterrain à l'impossibilité d'établir un pont sur une rivière ou trop profonde ou trop rapide; quel ingénieur a conçu et exécuté avec succès le merveilleux tunnel de Londres [12], qui rapproche si heureusement les deux rives de la Tamise en multipliant entr'elles les communications? un Français, un éleve de notre glorieuse école polytechnique, homme de génie, dont notre gouvernement n'a pas su comprendre et utiliser les étonnantes conceptions, et qui s'est vu forcé de porter chez nos voisins un monument qu'il devait à la France.

A qui la Suisse est-elle redevable de ce beau pont de Fribourg sur la Sarine [13], qui réunit deux montagnes séparées par un intervalle de plus de 3oo mètres et surpasse dans son effrayante exécution tout ce que la pensée peut imaginer de plus gigantesque? Eh! bien, ce pont, qui n'a pas excité en France l'admiration qu'il a provoquée en Italie, en Allemagne, est dû au génie d'un

Français, qui n'a pas trouvé sans doute dans sa patrie les encouragemens qu'il avait droit d'en attendre.

Certes la France ne manque pas d'Ingénieurs, et de savans ingénieurs; mais que penser d'un pays où des Brunel, des Chaley sont réduits à demander à l'étranger des travaux dignes d'eux.

NOTES.

Page 9. — (a) Pardonnez-moi, lecteur, de répéter sur tous les tons qu'il faut changer le système actuel de défense du Havre. Ces redites me semblent indispensables pour arriver enfin à faire bien comprendre à tout le monde, et surtout à l'administration, combien est absurde et nuisible aux intérêts de tous le maintien de ce système. L'évidence est là pour démontrer la vérité de mes assertions. Encore quelques années, et, au train dont marchent les construc-tions à Ingouville et à Graville, si les remparts actuels sont maintenus, ils se trouveront au milieu de trois villes.

Mais qu'attendre même d'une évidence aussi palpable,

quand on entend chaque jour, d'un côté, les propriétaires de maisons de l'intérieur de la ville, manifester hautement la crainte que l'agrandissement n'amène la dépréciation de leurs propriétés ; de l'autre, les propriétaires de magasins s'opposer à l'établissement des docks, qui ruineraient, disent-ils, leurs locations ? Comme si l'immensité des avantages qui résulteraient et de l'agrandissement de la ville et des docks ne devait pas compenser, pour les propriétaires même, une diminution temporaire.

C'est avec des raisonnemens de cette force que l'on s'est entêté, malgré les observations les plus raisonnables, à maintenir sur la plus jolie place de la ville un marché qu'il était naturel de placer à la jonction des trois quartiers de la ville, c'est-à-dire, vis-à-vis la marine. Au reste, il est de toute justice de reconnaître que l'élégante exécution du nouveau marché répond parfaitement à l'ingénieuse conception qui a marqué irrévocablement sa place, sous les fenêtres de la bibliothèque.

Pour ce qui concerne les propriétaires des maisons de ce quartier, je ne suis pas à portée de faire le calcul de la plus value qui résulterait pour ces maisons de l'établissement d'un square vis-à-vis le palais de justice ; mais je veux parier que cette plus value s'éleverait peut-être, tous frais payés, à plus de dix pour cent.

Page 14. — (2) Les *Calètes* paraissent avoir été assez puissans, puisqu'ils fournirent un contingent de dix mille hommes à la ligue de la Gaule-Belgique contre les Romains. *Julio-Bona*, aujourd'hui Lillebonne, était leur capitale. On y trouve encore des vestiges de son ancienne splendeur. Plusieurs routes se réunissaient à cette ville ; l'une de ces routes, citée dans la table Théodosienne, venant par Sens, Paris, Rouen, traversait Julio-Bona et se terminait à Corocotinum, sur la rive droite de la Seine. C'est sur l'un des points du parcours de cette route, aux environs de Trouville-en-Caux, qu'un jeune littérateur du Havre, M. Bellemare, qui s'occupe avec succès de travaux archéologiques, a découvert un *Tumulus* Romain, dont il a donné une intéressante description.

Quelques auteurs ont placé Corocotinum sur la rive gauche ; mais cette opinion, qui ne se fonde guère que sur le témoignage de la carte de Peuttinger, où Julio-Bona occupe également la rive gauche, n'a pas été admise par les savans. Elle a été combattue victorieusement par M. Bellemare, dans la notice que je viens de mentionner.

Quant au nom de *Geraldi Villa*, campagne de Geraldus, étymologie apparente de Graville, il doit être plus moderne et appartenir au moyen âge.

Page 15. — (3) Suivant aveu de l'an 1576, le fief de Graville avait, entr'autres priviléges, le droit de nommer à la cure d'*Ingoville* ou d'Ingouville, dont relevaient les églises de Notre-Dame et de Saint-François du Havre. Le curé d'Ingouville joignit depuis au titre de curé de Saint-Michel celui de curé de Notre-Dame et de Saint-François.

Page 19. — (4) On assure que le conseil municipal d'In-gouville vient enfin de céder au désir général, en votant les fonds nécessaires pour l'élargissement du bourg. On projette de plus, à travers la *Plaine* et le Bourg Gibet, une vaste rue qui donnerait une nouvelle communication entre Ingouville et le Havre. Ces mesures, bonnes en elles-mêmes, mais trop tardives, ne remédieront qu'imparfaitement au mal causé par une trop longue hésitation.

Page 20. — (5) On me dira que l'octroi établi à Ingouville en 1836 a produit, malgré l'énormité des frais de perception, un revenu considérable. En admettant que cela soit vrai, il n'en reste pas moins démontré que cette mesure a singulièrement nui à l'accroissement de la population de cette commune, et qu'aux yeux de personnes éclairées, elle passe pour avoir été au moins intempestive.

Page 24. — (6) Je reviens à l'opinion que j'ai déjà émise dans ma première brochure. N'y aurait-il pas moyen d'obtenir de la combinaison du bitume solide ou *asphalte* avec le mortier, un enduit propre à la complette dessiccation des caves, même dans les endroits les plus bas et les plus marécageux? Je recommande cette idée aux propriétaires et architectes. Qui sait si d'heureuses expériences n'amèneront pas à reconnaître que l'emploi de cette combinaison pourrait être d'une grande utilité dans les constructions, pour mettre les caves et les fosses d'aisances à l'abri de toute infiltration ?

Page 26. — (7) Il est pénible d'avoir à remettre encore sous les yeux des habitans du Havre les avantages immenses que leur ville tirerait de l'établissement de ces docks, qui sont, pour ainsi dire, la Providence du commerce anglais. Est-il besoin, après tout ce qui a été dit et redit sur ce sujet, de répéter ici que c'est à ces merveilleux bassins que Liverpool doit l'accroissement rapide de sa prospérité. Depuis plus d'un siècle, cette ville, à peine aussi ancienne que le Havre, nous offre le modèle de ces vastes entrepôts, si propres à multiplier et à faciliter les transactions commerciales.

Pour ce qui concerne le Havre, si l'on veut y naturaliser les docks, on peut le faire sans grands frais. Dans l'état actuel du mouvement de la navigation de ce port, un seul dock suffirait peut-être pour le moment, un seul même d'une médiocre étendue. Les autres viendraient par la suite, si on en reconnaissait la nécessité.

C'est ainsi qu'on a procédé à Liverpool. Une compagnie particulière a commencé en 1699, sur un terrain de quelques hectares concédé par le comte de Lancastre, les constructions du premier dock. En peu d'années une partie des revenus a servi à en construire un second, puis un troisième, et ainsi de suite; et aujourd'hui Liverpool possède vingt-cinq docks de diverses dimensions, tous remplis de navires et d'un produit annuel de plusieurs millions. Liverpool possède vingt-cinq docks, et le Havre, Marseille, Bordeaux élèvent encore en vain la voix pour en réclamer un !

Les lecteurs curieux d'avoir des détails intéressans sur les docks de Liverpool, les trouveront dans le numéro de décembre 1836 de la *Revue Britannique.*

Page 29. — (8) M. l'Ingénieur Robert, fils de notre savant professeur d'hydrographie, s'est fait une haute réputation dans tout le département de la Manche, pour les importans travaux qu'il y a exécutés.

Page 34. — (9) **La *vase de mer*** des côtes de Dunkerque donne, quand elle est fondue, un verre propre au travail, mais fragile et peu dense, molle comme l'argile ; elle est d'un brun bleuâtre, elle jaunit d'abord à sa surface, puis dans toute son épaisseur, à mesure qu'elle se dessèche. Elle renferme du sable en grain, quelques débris de coquillages et répand une odeur qui rappelle son origine.

En voici la composition, telle que l'analyse chimique l'a présentée. Il est à croire que celle de notre littoral offrirait à peu près les mêmes principes.

Silice.	43,75
Alumine.	13,82
Carbonate de chaux.	36,28
Peroxide de fer.	0,63
Chlorure de sodium et sulfate de fer.	2,75
Matière organique, contenant du souffre.	1,86
Traces d'Iode et perte.	0,91
	100,00

Page 34. — (10) ***Phormium***, genre de plantes monocotyledones à fleurs incomplettes, de la famille des Asphodelées. L'importance aujourd'hui reconnue du Phormium textile *(Phormium tenax)*, ou lin de la Nouvelle-Zélande, (dont la découverte, due au capitaine Cook, n'est pas un des moindres titres de ce hardi navigateur à la reconnaissance des Européens), me fait penser que l'on ne lira pas sans intérêt quelques détails sur cette plante.

La culture en est facile. On l'a pratiquée avec succès depuis plusieurs années sur les côtes de la Basse-Normandie et dans les environs de Cherbourg. La plus mauvaise terre lui suffit, et d'ailleurs elle n'est pas assujétie aux inconvéniens qui rendent si souvent nulle la culture du chanvre et du lin. Cette plante s'élève de 6 ou 8 pieds sur une hampe ou tige droite très-forte, de près d'un pouce de diamètre, portant à son sommet des fleurs jaunes à corolle irrégulière et sans calice, et à sa base des feuilles nombreuses, engainées de consistance sèche et filamenteuse, longues de 5 à 6 pieds, d'un beau vert foncé en-dessus, un peu blanchâtres en-dessous, bordées d'un liséré rouge.

On multiplie cette plante au moyen des œilletons qui naissent tous les ans autour du collet des racines.

Elle perd ses feuilles extérieures tous les ans, et la récolte doit s'en faire successivement à mesure qu'elles sont parvenues à leur croissance.

Les procédés pour isoler les fibres des feuilles du Phormium varient. Celui des naturels de la Nouvelle-Zélande paraît trop coûteux pour être employé avec succès en Europe.

Page 41. — (11) Malgré les assertions positives des Anglais, il est démontré aujourd'hui, ainsi que l'a prouvé sans réplique notre savant Arago, que Papin est le premier qui ait trouvé le moyen d'utiliser la découverte faite par Herou de Syracuse, 120 ans avant notre ère, des propriétés de la vapeur, en combinant dans une même machine à feu la force élastique de la vapeur d'eau, avec la propriété dont cette vapeur jouit, et qu'il a signalée, de se condenser par refroidissement.

(Annuaires du Bureau des Longitudes, 1829 et 1837.)

Page 42. — (12) Toutes les personnes qui ont été à Londres ont admiré, sans doute, cette magique création du Tunnel sous la Tamise. Il faut examiner en détail la nature des travaux, pour se faire une idée des difficultés qu'on a dû surmonter pour arriver à franchir le milieu du fleuve. M. Brunel y est parvenu, et aujourd'hui on peut espérer que dans peu de tems les deux passages du Tunnel seront livrés à la circulation.

Page 42. — (13) Le pont suspendu par M. Chaley sur la Sarine, à côté de Fribourg, pour unir le rocher sur lequel est située cette ville à la montagne opposée, et traverser une valée dont la partie la plus étroite offre une largeur de plus de 300 mètres, est une de ces entreprises gigantesques dont l'exécution donne la plus haute idée de la puissance et de l'audace du genre humain.

Ce pont, qui fournit aujourd'hui la seule communication facile entre Berne et la Suisse allemande, est de beaucoup la plus grande ouverture qui existe. Le pont suspendu qui unit l'Angleterre à l'île d'Anglesey a 167 mètres ; celui de Fribourg a près du double de cette étendue. Il est difficile de se figurer autrement que par le calcul l'immensité des forces nécessaires pour établir et maintenir l'équilibre de ces masses de fer et du poids qu'elles sont destinées à supporter. Le pont tout entier est suspendu par quatre câbles, composés ensemble de 4,224 fils de fer, chacun de 0,00308 de diamètre ; et, d'après les calculs présentés par M. Chaley lui-même, dans sa notice, chacun d'eux pourrait porter 2,576,640 kilogrammes.

L'aspect de ce pont, vu de loin, est presque celui d'une grande corde destinée à des exercices gymnastiques, et l'on comprend à peine comment on a pu trouver des hommes assez hardis pour entreprendre les premiers travaux d'un ouvrage où le moindre faux pas, une seconde d'inattention pouvaient coûter la vie.